AF609941

COLONISATION D'ALGER.

La brochure qu'on va lire n'est qu'un recueil des articles qui ont paru dans le *Nouveau Monde*, journal de la science sociale, destiné à répandre et à accélérer la réalisation de la théorie de Charles Fourier.

COLONISATION

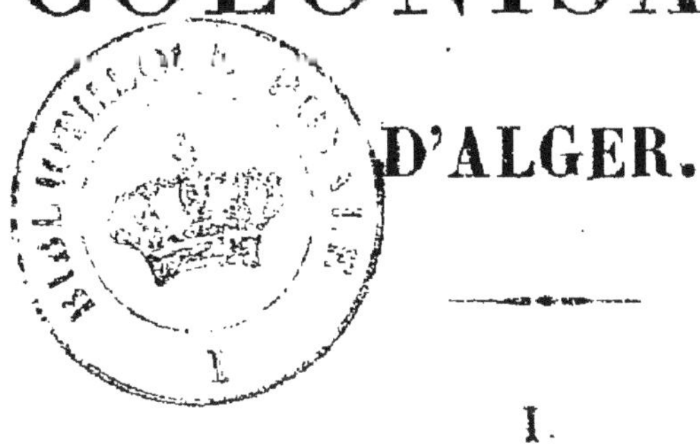

D'ALGER.

I.

Laissez-la conquérir des déserts! Tel était le langage de la diplomatie européenne, lorsque l'impératrice Catherine poussait ses troupes envahissantes jusqu'aux montagnes du Caucase, jusqu'aux steppes de la Sibérie.

Les puissances, jalouses de la grandeur de la Russie, faisaient publiquement témoignage d'admiration pour la tsarine, la complimentaient, la nommaient *Sémiramis du Nord*, tandis qu'en secret elles riaient de ses conquêtes, énumérant combien elle avait perdu de soldats, combien elle avait dépensé de millions.

Catherine, qui les pénétrait, disait tout bas à ses ministres et ses favoris : *Rira bien qui rira le dernier.*

Elle appela auprès d'elle d'illustres savants et leur donna ses instructions pour explorer les contrées conquises. Pallas, Falk, Gmelin, Guldenstaed et plusieurs autres, parcoururent le Nord et le Midi, en examinant les rivières et les montagnes. Partout ils se convainquirent que la terre est toujours fertile et bienfaisante pour celui qui lui offre son travail et son industrie. Là ils trouvèrent des plantes utiles, là de riches métaux, fer, sel, platine, là des forêts pleines de gibier et des rivières poissonneuses.

Cette exploration fut mise à profit par les tsars. Au milieu des hordes sauvages, ils établirent de nombreuses colonies.

Ces colonies coûtèrent d'abord des sommes énormes ; mais bientôt les déserts et les steppes se couvrirent de villes industrielles. Les steppes, les déserts et les montagnes envoyèrent à Saint-Pétersbourg de la toile, de la soie, du drap, du platine, enfin le vin et le raisin d'Astrakhan.

La diplomatie cessa de rire ; au lieu de compter les sacrifices, elle compta désormais les revenus et commença à s'effrayer du géant qui développait ses forces.

Si je rapporte ce fait à celui de la colonisation d'Alger, on objectera : « La Russie est un gouvernement despotique ; nous n'avons ni serfs pour obéir, ni tsars pour commander. »

Mais on aurait tort de penser que ce furent des Kalmouks qui explorèrent le pays, et qui tirèrent de la terre inculte ses produits bruts pour en faire les objets d'une industrie nationale.

Non, la force brutale, les Kalmouks surent repousser les hordes sauvages, surent dévaster et occuper le pays; mais ce sont des Allemands, des Suédois, des Français, des Anglais qui le conquirent par le *travail* et l'*industrie*. Des bords de la Seine, de la Tamise, du Rhin, les colons accoururent par milliers. Catherine et ses successeurs les attiraient en leur distribuant des terres, en les libérant d'impôts, en leur ouvrant la perspective de l'aisance et d'une heureuse condition.

Les ouvriers, les artisans qui possédaient du talent,

mais qui manquaient de pain, quittaient le pays natal, le pays monarchique ou constitutionnel pour se soumettre à un gouvernement absolu qui leur offrait un abri et un avenir.

Laissez-la conquérir les déserts d'Afrique! Voilà ce que dit aujourd'hui de la France la même diplomatie qui, jadis, se moquait des conquêtes de Catherine II.

La France constitutionnelle ne pourrait-elle faire ce qu'a fait la Russie despotique? déjouer la perfide joie des puissances jalouses de sa prospérité, en changeant l'occupation *ruineuse* en *conquête industrielle et productive?*

La Russie ne s'est servie que d'un seul mobile, l'argent, intérêt matériel. La France pourrait ajouter au mobile de l'*intérêt* celui de l'*amour du pays et de la gloire;* elle serait sûre d'être entendue de la majeure partie de sa population.

En vérité, quel honneur pour la France, si, après avoir délivré l'Europe de la piraterie, elle réussissait à transformer un pays inculte en pays cultivé, des plaines arides et malsaines en vallées fertiles et riantes! si, par le charme de l'industrie, elle savait attirer les barbares qu'aujourd'hui elle est forcée de soumettre!

Le but est grand, mais on peut l'atteindre.

La théorie de Fourier en donne seule les moyens.

1° Avant tout, il faut explorer le pays, connaître sa nature, ses produits, ses richesses.

2° Puis il faut attirer les colons par l'intérêt, le patriotisme et la gloire.

3° Enfin il faut organiser des colonies à la fois industrielles et militaires, d'après le principe d'*association* et la loi d'*attraction*.

Lorsque nous parlons d'exploration, il ne s'agit pas de littérateurs qui, à leur retour, nous donneraient des récits poétiques et empreints de couleur locale. Ce ne sont point des *impressions* qu'il nous faut, mais des *appréciations*. Il faudrait un rapport consciencieux d'hommes spéciaux qui iraient étudier le sol à sa surface et dans ses entrailles; qui, à l'aide de la science et de l'expérience pratique, sauraient découvrir toutes les richesses dont la nouvelle colonie renferme le germe; il faudrait donner à ces travaux un cachet tout particulier, il faudrait les entourer de toute la solennité que doit avoir une entreprise nationale d'une haute utilité. Chaque pas de ces savants dévoués serait signalé à l'attention publique; la presse donnerait le bulletin de leurs progrès; enfin la plus large publicité devrait être attachée aux résultats de leurs laborieuses et scientifiques recherches.

Alors, seulement, les capitalistes, les industriels, les esprits entreprenants, pourraient juger les avantages de la colonisation avec connaissance de cause et se poser la question : Quels profits peut-elle apporter à la France en général et aux colons en particulier? tandis qu'à défaut de cette exploration nationale, l'esprit public n'ayant point la conviction de l'utilité de la conquête d'Afrique, sa colonisation ne saurait être que partielle, mesquine, faible, dangereuse pour les colons, inutile pour la France.

Mais qu'elle devienne une œuvre nationale, que chacun soit convaincu de ses magnifiques résultats pour la France et pour le monde entier, et elle s'accomplira sans effort, avec rapidité, sur une vaste échelle; les ouvriers sans travail, les capitalistes embarrassés de leurs fonds, les esprits hasardeux et spéculatifs qui cherchent à employer leurs talents et leur activité, les caractères généreux qui ont besoin de s'associer à une œuvre grande et utile, enfin des malheureux tombés sous le poids de quelque faute, et qui ne demandent qu'à recommencer une vie honorable, tous iront en masse se jeter en Afrique, et créer pour leur patrie une patrie nouvelle.

Quand ce premier fait sera accompli, quand vous aurez des masses à organiser, des masses libres et pensantes, que vous saurez organiser par *attraction*, l'Afrique sera à vous, nulle puissance n'osera vous la disputer.

Telle qu'est aujourd'hui l'Algérie, composée de Turcs, de Bédouins, de Maures et de Juifs, entourée d'ennemis, elle ne vous appartient pas. Elle doit vous échapper au premier coup de canon de la première guerre en Europe.

Cette vérité est généralement sentie, le mot de colonisation a été plusieurs fois prononcé : le général Bourg en jeta la première idée; le général Bugeaud publia un plan et élabora un projet d'ordonnance à cet égard.

Ces travaux prouvent le désir du bien, l'amour du pays.

Toutefois, des plans de colonisation ne s'improvisent pas; ils doivent être le résultat d'études approfondies et de l'expérience unie à la science.

On peut commander à un soldat de *mourir*, et il *mourra*; mais en vain on lui dira : *Rends fertiles les déserts d'Afrique.* Ce n'est point là une affaire de subordination : les déserts resteront incultes si, au lieu d'un commandement, vous ne lui donnez la direction, les moyens, et si encore vous ne lui inspirez l'ardeur et l'enthousiasme.

Le plan du général Bugeaud est entièrement militaire. La colonisation d'Alger doit avoir nécessairement le double caractère de la *défense* et de la *production.* A côté du *général*, il faut des *savants*, des *agronomes*, des *industriels;* à côté des *soldats*, des *ouvriers;* à côté des *canons*, des *outils.*

Le problème de la colonisation d'Alger est un des plus importants de l'époque ; il mérite une attention sérieuse de la part des hommes généreux et des esprits éminents. L'Afrique est une terre brute qui doit conquérir l'intelligence ; les résultats doivent prouver la puissance du génie de notre époque.

II.

On parle avec les plus grands éloges de l'industrie française. Si l'on attachait une foi aveugle aux phrases pompeuses et à l'exaltation générale à cet égard, on pourrait ranger la France au nombre des premières nations sous le rapport industriel et commercial.

Pourtant il n'en est rien.

A l'intérieur, la France est pauvre, bien qu'elle possède tous les éléments de la plus grande richesse.

A l'extérieur, elle est partout dupe et victime de la prépondérance anglaise. Elle, destinée à prendre l'initiative de tout ce qui est grand et utile, elle se laisse devancer, dans ce qui touche aux intérêts matériels, même par des nations despotiques, même par des puissances de second ordre. Prenons pour preuve les chemins de fer en Belgique, les banques foncières en Prusse et en Pologne (1).

Les luttes politiques absorbent les esprits les plus éminents; les partis se disputent le pouvoir, tandis que l'industrie souffre, que le commerce se meurt, que le pays s'appauvrit et se voit partout devancé par l'étranger.

Il est temps que tous les hommes de bien examinent cette position. La crise est terrible, et le mal va toujours grandissant. Il faut donner un nouvel élan à l'industrie nationale qui étouffe au milieu des divisions intestines.

Si mille autres preuves n'arrivaient à l'appui de notre assertion, le fruit négatif que la France tire de la conquête d'Alger en serait une démonstration suffisante. Quels avantages nous a rapportés jusqu'à ce jour l'occupation de la contrée la plus fertile du globe? Où sont répandues les richesses que la terre d'Afrique renferme dans son sein? Jetons un coup d'œil sur la statistique des résultats obtenus : nous trouverons bon nombre de cadavres et bon nombre de millions engloutis. L'envieuse Angleterre tolère l'occupation française, preuve certaine qu'elle n'est pas productive pour la France.

Voici ce qui est plus frappant. Croirait-on que la France tirait un plus grand parti de l'Afrique lorsque l'Afrique ne lui appartenait pas?

Cependant, c'est un fait incontestable.

(1) Lisez, dans le *Nouveau Monde*, les articles du *Crédit foncier*.

La régence d'Alger, moyennant une redevance modique, concédait à la France *la pêche exclusive du corail* (1). Une garnison dans la *Calle* et dans le *Poste du Moulin* surveillait l'exercice de ses droits. Depuis des siècles, trois caps africains produisaient cette matière précieuse pour notre pays. En 1825 encore, nous avons employé à la pêche du corail *cent quatre-vingt-trois bâtiments d'équipage. Vingt-six mille kilogrammes de coraux*, évalués à plus de deux millions de francs, récompensaient les peines des pêcheurs.

C'était à l'époque où le dey régnait sur Alger.

Aujourd'hui, après la conquête, quand la Méditerranée nous appartient, nous n'entendons plus parler ni de *pêche*, ni de *corail*.

Et qu'on ne croie pas que les produits de la pêche soient l'unique profit que l'Afrique puisse nous donner; les richesses des trois règnes y appellent notre industrie.

Les chameaux, les zèbres, et vingt autres espèces d'animaux utiles, dispersés au milieu des déserts, faciles à apprivoiser, n'attendent que la direction de l'homme pour l'aider dans ses travaux.

On y trouve mille variétés d'oiseaux, depuis le plus petit moineau, qu'on pourrait prendre pour un papillon, jusqu'à l'autruche, que les naturalistes nomment un *chameau emplumé*.

Toutes sortes de poissons, de qualités exquises, abondent dans les mers et les rivières.

La végétation y est d'une séve et d'une fraîcheur

(1) Traité du Bastion de France en 1694.

admirables. Tous les fruits de l'Europe méridionale y croissent en abondance. Le raisin, les oranges, les citrons, les amandes, les jujubes, les cerises, les figues, les mûres rouges, les noix remplissent les vergers. Tous les légumes de l'Europe y viennent parfaitement. L'Italie, l'Ukraine et l'Espagne n'ont pas de plus délicieux melons. Les jardins d'Afrique sont remplis de fleurs odoriférantes et d'arbres européens. Les montagnes mêmes sont couvertes de grenadiers et de myrtes.

Dans les régions de Maghreb, dans les environs d'Alger, on a trouvé le sel, le fer, le plomb ; on a trouvé même, chose longtemps contestée, on a trouvé *des diamants*.

Pense-t-on que la connaissance de ces richesses, nous la devions à une exploration scientifique et laborieuse? Non, c'est la nature elle-même qui a jeté sous les yeux du vulgaire ses trésors pour y attirer l'intelligence humaine. Quand un Européen se repose sous un olivier en Afrique, et trouve à ses pieds un diamant, Dieu semble lui dire : Chassez de ce pays les panthères, les vautours, les boas, établissez-vous à leur place et régnez-y pour le bien de la France et pour le bien du monde entier.

« *Mais il y a des colons et des colonies, et pourtant la colonisation ne réussit pas.* » Voilà ce qu'on vous répond lorsqu'on s'efforce de faire comprendre les avantages de l'exploration africaine.

Oui, il y a des colons. Une vingtaine d'Alsaciens, quelques étrangers réfugiés ou autres, dispersés çà et là au bord de la Méditerranée, ou bien aux environs d'Alger. Voilà ce qu'on appelle une colonisation.

On voit des laboureurs où il faudrait des pêcheurs ; on sème le blé où l'on devrait cultiver le ver à soie ; enfin on plante des arbres où il faudrait fouiller les entrailles de la terre ; et partout on se ruine au lieu de s'enrichir : cela ne peut être autrement.

Des colons dispersés, des familles isolées ne sauraient exécuter les grands travaux qui doivent, sous peine de non-succès, précéder l'œuvre de colonisation. Pense-t-on qu'une vingtaine d'Alsaciens, une centaine de réfugiés, en admettant qu'ils soient laborieux et dévoués, puissent tracer des routes, construire des canaux, défricher et arroser des terrains ? Non, tous leurs efforts seront inutiles ; ils resteront impuissants à entreprendre n'importe quel travail de première nécessité et d'utilité générale. Faibles pour la production, ils seront encore faibles pour la défense, et ils tomberont victimes des barbares qui les tuent et se moquent de leurs travaux mesquins et improductifs.

Les voies de communication par routes et canaux, le défrichement, l'irrigation, la plantation, l'exploitation du sol selon la nature de ses produits, tout cela n'est pas l'œuvre de quelques individus, de quelques colons : pour qu'elle puisse s'accomplir, il faut le concours des masses.

Il est plus facile de coloniser à la fois en grand, avec le plus grand succès, Alger, Bone et Constantine, que de rendre productif le plus petit village abandonné aux efforts individuels.

Voilà les notions élémentaires d'un travail de colonisation.

La presse quotidienne donnerait preuve de patriotisme, en expliquant à ses lecteurs ce que c'est que l'*industrie*, et quels miracles peut opérer la véritable *association*. En traçant le tableau de ses prodigieux résultats, elle préparerait la prospérité du pays, elle apporterait quelque consolation aux masses, qui, sans foi ni espoir, languissent dans la misère et le marasme.

III.

On confond trop souvent dans les questions d'intérêt national l'*avarice* avec l'*économie*, ou plutôt l'on prend la première pour la seconde. Là où il faut dépenser *dix*, l'on accorde *neuf* et l'on se réjouit ; on appelle cela un triomphe, une victoire remportée, une *économie !*

Une sage *économie* ne consiste pas à dépenser *peu*, mais à dépenser *bien*, à dépenser ce qu'il faut. Un *million* qui produit, qui rapporte, est bien placé. Un millier de francs refusé mal à propos peut compromettre le sort de toute une colonie.

Si je ne craignais qu'on n'attribuât à un parti politique ce qui n'est que le défaut général de notre époque, je pourrais prouver, par des faits positifs et des chiffres précis, que nous avons perdu en Afrique, par des *économies* mal comprises, non pas sur le champ de bataille, mais dans les hôpitaux, 16,482 hommes. Pourquoi ? parce que, par *économie*, on n'a pas accordé de fonds suffisants pour la construction des casernes et pour les défrichements des contrées malsaines. Le soldat fatigué, sans abri au moment du repos, respirait un air infect, et n'échappait aux chances de la guerre que pour trouver la mort à l'hôpital.

Par le même motif d'économie, les travaux sur la *Calle* furent suspendus ; et la France, pour avoir épargné quelques milliers de francs, perd 2,000,000, chaque année, sur la seule pêche du *corail*. Nous aurons occasion de revenir sur ce sujet, et de prouver que c'est à cette triste *économie* qu'il faut attribuer la misère des masses, la stagnation du commerce, le marasme de l'industrie française. Nous indiquerons combien il serait aisé, dans l'espace de quelques mois, par le moyen du crédit foncier, de mettre en circulation des milliards, sans que l'État dépensât un sou pour donner une vie nouvelle à l'agriculture, aux fabriques, pour augmenter à la fois les fortunes privées et la prospérité générale.

Cette fausse *économie* est devenue une maladie dominante : c'est le choléra de l'*industrie*, qui tue les meilleurs projets, fait avorter les entreprises les plus utiles, qui ruine la France, la conduit à la misère et la menace de BANQUEROUTE. C'est elle qui a tué Fourier, qui a fait méconnaître son génie et a refusé de minces capitaux pour réaliser ses sublimes conceptions. Ce fléau est devenu tellement général que, même des hommes doués de grandes facultés, même ceux qui ont approfondi la science sociale, lorsqu'ils présentent des plans de colonisation, pensent de leur devoir de s'incliner devant l'*avarice* de l'époque, et, au lieu de présenter un plan vaste, digne d'une grande nation, seul réalisable, seul productif et glorieux, torturent leur esprit pour le réduire à des proportions mesquines, qui exigent *peu d'argent.*

Semez, si vous voulez récolter. Dépensez cent millions, si cette dépense doit vous assurer la possession de l'Afrique, avec ses produits abondants et ses immenses richesses qu'il est impossible aujourd'hui de calculer et de prévoir. Dépensez cent millions, si cette somme doit assurer la prospérité et la gloire nationales.

Nous comptons sur le bon sens des masses et nous attendons tout de l'opinion publique. Nous avons foi en ce que bientôt la France s'affranchira des chaînes que cette *fausse économie* lui impose; qu'elle se réveillera et deviendra aussi grande dans ses conceptions industrielles qu'elle l'a été dans ses révolutions politiques, dans ses conquêtes gigantesques. Ainsi, loin d'entrer dans la parcimonie honteuse de l'époque, nous osons dire : *Quittez Alger, ou dépensez cent millions pour le coloniser en grand.* Dépensez cent millions, si vous voulez tirer de la terre africaine tous ses trésors, si vous voulez frapper les barbares des miraculeux résultats de l'industrie, et les attirer au lieu de les combattre.

Il faut que la France marque une nouvelle époque dans l'histoire des colonies. L'antique Grèce, embarrassée du surplus de sa population, l'envoyait coloniser dans les contrées étrangères. Rome fondait des colonies dans des pays conquis pour y maintenir sa domination. Les dissensions politiques et religieuses et la cupidité produisirent les colonies modernes. Ainsi la crainte de la famine en Grèce, l'ambition à

Rome, le fanatisme et les persécutions du pouvoir, la soif de l'or, furent, jusqu'à ce moment, les mobiles des colonisations. Il est temps de les entreprendre dans un but plus élevé, dans le but d'arracher à la terre toutes ses richesses, et de séduire les barbares qui, aujourd'hui, ont horreur de nos travaux répugnants, de nos maisons malsaines, de nos misères, mais qui se rangeront sous notre loi, quand nous pourrons leur offrir les magnifiques résultats de l'industrie, dignes du dix-neuvième siècle.

Admettons qne les fonds soient accordés, que l'explosion scientifique soit faite, que les experts aient déjà tracé un plan des travaux à exécuter; supposons que cinquante mille colons, débarqués sur le sol africain, entreprennent l'exploitation d'un terrain de trente lieues carrées, comme s'il appartenait à un seul propriétaire, à un seul sage économe : regardez ces masses électrisées, contemplez comme elles combinent leurs efforts pour produire des routes, des canaux, des défrichements, des plantations; voyez ces édifices qui s'élèvent comme par enchantement. Toutes les cultures sont distribuées avec méthode et discernement, d'après la nature du sol et les besoins de la colonie; les forêts et les eaux, explorées, fournissent leur tribut; la science aide la nature. Ces pays barbares prennent un nouvel aspect; Dieu sourit aux efforts des hommes. L'air se purifie, la terre se couvre de riches moissons, et ouvre les trésors de ses entrailles; l'eau, jalouse, appelle dans son sein les plongeurs : tous les éléments concourent à récompenser les peines des colons enrichis. Les barbares s'inclinent devant la puissance du génie; la France triomphe ; l'Afrique est véritablement conquise.

« *Ce sont là des rêves* , nous dira-t-on , *ce sont des utopies ; c'est impossible. Nous admettons qu'on puisse obtenir ces miraculeux résultats en faisant mouvoir* 50,000 *hommes comme un seul individu ; mais c'est précisément cette impulsion unique qui reste irréalisable; la confusion s'en mêlerait aussitôt.* »

Quoi ! quand vous portez les ravages de la guerre dans un pays ennemi ; quand, animés par une vaine gloire, ou forcés par une triste nécessité, vous allez combattre vos semblables, vos frères, alors il est possible, au milieu du bruit du canon et des flots de sang répandu, de faire manœuvrer cent mille hommes comme si s'était un seul, et il sera impossible de maintenir le même ordre, de faire naître le même accord, lorsqu'il y aurait à créer, à produire ; quand le fracas des armes serait remplacé par les chants des travailleurs, quand le sang et les cadavres feraient place aux prodiges de l'art, aux riches produits d'une terre féconde !

Employez donc, pour produire, la même organisation dont on se sert pour détruire. Le corps entier de l'armée se meut comme un seul homme, parce qu'il est partagé en divisions, bataillons, compagnies, sections : partagez de même vos colons productifs ; divisez votre terrain de trente lieues carrées en trente cantons ; et distribuez-y les habitants par 1,500 individus, hommes, femmes, enfants, vieillards. Partagez les travailleurs en *groupes* et *séries*, ou, si vous préférez, en sections, compagnies, bataillons ; que tous, associés, soient animés à la fois par l'intérêt propre et par l'intérêt de la colonie entière. La régence centrale dirigera toutes les opérations ; elle donnera la même inpulsion unitaire aux travaux de la production que le général en chef donne aux combats meurtriers.

Ne craignez pas la présence des femmes et des enfants : il y a des travaux qui ne peuvent être exécutés que par leurs faibles mains; et, quand il s'agira de repousser les attaques des barbares, leur présence, loin d'être un obstacle, redoublera le courage des colons. Celui qui prétend fonder une colonie sans femmes ni enfants ressemble au jardinier qui voudrait planter un arbre sans feuilles ni racines.

Dois-je développer encore combien il serait facile, par une direction unitaire, à l'aide de la science sociale, de construire de grands édifices qui donneraient un abri convenable aux colons et renfermeraient des ateliers élégants, en offrant en même temps un rempart contre les attaques et les invasions ? Ce seraient des *castels* du moyen âge, avec cette différence qu'au lieu de contenir de hauts barons avec leurs serfs, ils renfermeraient trois à quatre cents familles libres, heureuses et adonnées volontairement à des travaux productifs.

Il en coûterait moins d'élever, dans un ordre combiné, trente châteaux magnifiques que six mille huttes misérables. Demandez à nos architectes et ingénieurs, consultez MM. le Moyne, Daly, Madaule, qui ont fait des études spéciales sur ce sujet, et ils vous prouveront, chiffre par chiffre, qu'avec les mêmes frais et moins de peine on construira un palais superbe, au lieu de deux cents maisons malsaines qui abîment la santé, qui nous étouffent, qui nous enferment comme si nous étions condamnés à une prison éternelle.

Dois-je démontrer comment les colons, puissants pour la production, le seront encore pour la défense! comme à un signe d'alarme, ils seront toujours prêts à défendre leurs cantons, leurs familles, leur patrie nouvelle!... Quel appui pour l'armée! Le soldat aide le colon, le colon aide le soldat. Là se formera le noyau de cette révolution bienfaisante qui changera les *armées destructives* en armées défensives et industrielles. Chaque année, vous pourrez rappeler d'Afrique une partie de vos troupes, qui ne la quitteront point sans regret. Au bout de six années, la colonie pourra se suffire à elle-même; au bout de six années, ces deux mots *Afrique française* auront un sens, une valeur, tandis qu'aujourd'hui ils ne sont qu'une dérision. Aujourd'hui, Alger est un gouffre qui ruine et démoralise ses colons, qui enlève l'élite de l'armée, qui dévore les millions du trésor. Dans l'espace des trois dernières années, la statistique d'Alger a enregistré trois mille six cent trente et un procès devant le seul tribunal de commerce, six cents vols, deux banqueroutes frauduleuses et quarante et une faillites. Le seul maintien du soldat a déjà coûté cent soixante-six millions.

Laissons ces tristes détails!

Arrivons à la question la plus importante. Qui doit prendre l'initiative de la colonisation, des particuliers ou du gouvernement?

IV.

Si Alger avait été conquis par une autre puissance

que la France, depuis longtemps son sort eût été décidé. En Angleterre il se trouverait vingt compagnies et des milliards pour en tirer le parti le plus avantageux. En Russie, le tsar n'aurait qu'à dire qu'il veut coloniser l'Afrique, et il se trouverait mille boyards prêts à faire plus de sacrifices individuellement que ne l'a fait, jusqu'à présent, la France entière. Cette promptitude à exécuter la volonté du prince, il ne faut pas la prendre pour une simple courtisanerie, pour un pur servilisme. Chez un gouvernement absolu, la couronne représente, en quelque sorte, les besoins de l'État; en servant le souverain, on sert le pays. On peut justement reprocher aux Russes qu'ils sont esclaves, mais l'on ne peut leur refuser le patriotisme, l'égoïsme national. Au jour du danger, ils savent faire sauter en l'air leur capitale; et ils n'hésitent pas à sacrifier le dernier rouble et le dernier serf, quand il s'agit de repousser l'ennemi ou de conquérir un nouveau pays. Un simple Kosak a conquis la vaste Sibérie, un simple boyard a fourni les fonds de la conquête!

Pourquoi donc, chez nous, les grandes questions d'intérêt national sont-elles traitées avec une telle indifférence? Aimons-nous notre patrie moins que les Russes n'aiment la leur? Non, encore une fois, non. Cette indifférence, cet oubli, il faut l'attribuer aux luttes politiques; la manie des principes, l'amour des systèmes, nous font oublier les intérêts du pays. Chacun pense faire son devoir s'il combat son adversaire; chacun pense que tout ira à merveille, si les hommes de son opinion parviennent au pouvoir, et tous se trompent : car, à peine les uns ont triomphé, qu'une nouvelle opposition succède, et, au lieu d'AGIR, le nouveau pouvoir est forcé à se DÉFENDRE. Devons-nous en tirer la conséquence que l'*opposition* est pernicieuse? Non. Elle doit contrôler, éclairer, renverser même les hommes incapables de faire le bien. Mais il y a des moments où l'esprit de parti doit se taire pour faire place à l'intérêt national, où il faut laisser agir même son adversaire, quand cet adversaire travaille pour le bien du pays. L'Angleterre nous en offre un noble exemple. Nous y voyons les partis se déchirer avec acharnement quand il s'agit de faire prévaloir leurs systèmes; mais qu'il se présente une question où l'intérêt du pays soit engagé, ils oublient les inimitiés personnelles pour défendre la cause commune. O'Connel, Brougham, Wellington se donnent la main quand il faut défendre le monopole maritime; ils s'accorderont pour vous arracher l'Afrique, si vous la laissez dans l'état où elle se trouve actuellement.

Ce serait là une belle mission pour la presse : ce serait elle qui devrait éclairer le pays et le rendre attentif à ses besoins et à ses devoirs ; ce serait à elle à le débarrasser des vieilles routines, pour l'occuper des grandes questions d'économie sociale. La misère des masses grandit à vue d'œil. La crise commerciale est terrible, elle est l'avant-coureur d'une crise plus terrible encore; nous sommes à la veille d'une famine et d'une *banqueroute* générales. *La France est en danger*. Il faut suspendre, pour un moment, les luttes des partis pour s'occuper du salut de la France.

La question de la colonisation d'Alger n'est pas la question principale; mais elle est du nombre de celles où l'esprit de parti doit faire place à l'intérêt commun. C'est une question nationale.

Tandis que la presse traitait la colonisation d'Alger avec une incroyable légèreté, plusieurs disciples de Fourier sentaient toute son importance, et consacraient leurs veilles à en élaborer des plans, d'après la théorie sociétaire. L'un consacrait ses travaux aux compagnies privées, comme M. Daly; un autre les destinait au gouvernement, comme M. Madaule, capitaine du génie (1). Sans entrer dans l'analyse de leurs travaux, je veux seulement poser la question qui doit prendre l'initiative de la colonisation, du gouvernement ou des particuliers.

Madame Gatti de Gamond, dans son populaire ouvrage *Fourier et son système*, n'a pas oublié la question d'Alger; elle pose les bases fondamentales d'une colonisation, en indiquant deux moyens pour se procurer les capitaux. Le premier est de s'adresser au gouvernement; le second serait de former une compagnie actionnaire, avec l'assentiment et la protection du pouvoir. C'est pour la première fois que je me suis trouvé en désaccord avec l'auteur de *Fourier et son système*, qui, d'ailleurs, après avoir entendu mes motifs, s'est rangée elle-même à mon opinion.

La colonisation d'Alger doit être une œuvre nationale, elle ne doit pas être fondée par une ordonnance, mais par une loi, par le concours unanime des trois pouvoirs. — C'est le seul moyen d'inspirer la confiance et d'assurer le succès.

(1) Le travail de M. Madaule, capitaine de génie, sur la colonisation d'Alger, mérite d'attirer une attention toute particulière. Le problème difficile de la juste rétribution des colons, selon leur apport du capital, talent et travail, y est réduit à sa plus simple formule.

Dans un pays despotique, la volonté du prince offre une suffisante garantie. On peut être certain que son arrêt suprême sera appuyé par toutes les ressources morales et matérielles du pays. Mais, chez un gouvernement constitutionnel, l'ordonnance royale n'est qu'un acte ministériel, qu'une nouvelle majorité passagère peut changer, entraver et détruire.

L'Angleterre, nonobstant les émeutes chartistes et la lutte qui se prépare en Orient, a les yeux fixés sur l'Afrique.

Il faut offrir des garanties solides aux colons. Il faut que l'honneur de la France soit engagé à la conservation du sol africain.

Que les chambres et la couronne se prononcent pour la colonisation sur une vaste échelle, et elles trouveront des milliards, et l'Angleterre comptera les revenus de la France comme aujourd'hui elle compte ses sacrifices et ses dommages.

Il y a trois mois que nous avons publié ce travail. Nous n'avons pu espérer que les tristes détails sur la position de l'armée viennent donner un nouvel appui à nos observations. Il est à craindre que la presse ne fasse d'une question nationale et économique une question de parti. Ce ne sont pas des hôpitaux qu'il faut fonder; c'est le système de la colonisation qu'il faut changer. Tant que vous ne dépenserez pas cent millions pour régénérer l'Afrique, la France perdra son or et ses plus nobles enfants.

Imprimerie de L. BOUCHARD-HUZARD, rue de l'Éperon, 7.

www.ingramcontent.com/pod-product-compliance
Ingram Content Group UK Ltd.
Pitfield, Milton Keynes, MK11 3LW, UK
UKHW020406250726
13967UKWH00006B/2496